I0490835

Devenir frugaliste

Comment atteindre vos objectifs financiers grâce à une vie minimaliste

Introduction : Qu'est-ce que le frugalisme?

Bienvenue dans notre livre sur le frugalisme ! Si vous êtes ici, c'est que vous cherchez probablement un moyen de vivre plus simplement, plus écologiquement et plus économiquement. Le frugalisme est un mode de vie qui répond à ces aspirations en prônant une consommation responsable, une réduction des déchets, une vie plus saine et plus économe.

Mais qu'est-ce que le frugalisme exactement ? Le frugalisme est un mouvement qui consiste à réduire volontairement ses dépenses et à se concentrer sur l'essentiel. Cela ne signifie pas pour autant vivre dans la privation, mais plutôt apprendre à consommer de manière plus réfléchie et à se débarrasser du superflu.

Le frugalisme est souvent associé à la simplicité volontaire, un mouvement né dans les années 1930 qui encourageait les gens à vivre de manière plus simple et à se détourner de la consommation excessive. Les adeptes de la simplicité volontaire cherchaient à se libérer des contraintes financières et matérielles pour retrouver une vie plus équilibrée, plus harmonieuse et plus respectueuse de l'environnement.

Le frugalisme est également inspiré par le minimalisme, un mouvement contemporain qui encourage les gens à se débarrasser du superflu pour se concentrer sur l'essentiel. Le minimalisme prône la sobriété, la réduction des possessions matérielles et la simplification de la vie.

Le frugalisme, quant à lui, va plus loin en encourageant également une consommation responsable et écologique. Les adeptes du frugalisme cherchent à réduire leur empreinte carbone en réduisant leur consommation de viande, en privilégiant les produits locaux et biologiques, et en réduisant leur consommation d'énergie.

Le frugalisme est donc un mode de vie complet, qui vise à réduire la consommation, à limiter le gaspillage, à préserver l'environnement et à retrouver une vie plus saine et plus équilibrée. Dans ce livre, nous vous guiderons pas à pas pour vous aider à adopter un mode de vie frugal, en vous fournissant des conseils pratiques, des astuces, des témoignages et des ressources utiles.

Mais le frugalisme, c'est avant tout une aventure humaine, une aventure qui vous permettra de retrouver le sens de la simplicité, de l'essentiel, de la fraternité et de l'entraide. En adoptant un mode de vie frugal, vous découvrirez une nouvelle façon de vivre, plus respectueuse de la nature, plus humaine et plus heureuse. Alors, prêt à commencer cette aventure ?

Histoire du frugalisme

Dans ce chapitre, nous allons plonger dans l'histoire du frugalisme pour comprendre comment ce mouvement est né et comment il a évolué jusqu'à aujourd'hui.

Le frugalisme est un mouvement relativement récent, qui trouve ses racines dans la simplicité volontaire et le minimalisme. Cependant, l'idée de vivre de manière simple et économe est bien plus ancienne. Depuis des siècles, des penseurs, des écrivains et des philosophes ont prôné une vie plus modeste et plus équilibrée.

Au Moyen Âge, par exemple, les moines pratiquaient la pauvreté volontaire pour se rapprocher de Dieu. Ils vivaient dans des monastères, loin du monde matériel, et se contentaient du strict nécessaire. Cette pratique a influencé de nombreux mouvements religieux, comme les franciscains, qui prônaient la simplicité et la pauvreté.

Au XVIIIe siècle, Jean-Jacques Rousseau a plaidé pour une vie simple et naturelle, loin de l'agitation et de la consommation excessive. Il a écrit dans son livre "Émile ou De l'éducation" que "tout ce qui est superflu est une chose inutile et même préjudiciable".

Au XIXe siècle, Henry David Thoreau a vécu deux ans dans une cabane dans les bois, près de l'étang de Walden, pour se rapprocher de la nature et vivre de manière simple. Il a écrit un livre sur son expérience, intitulé "Walden ou la vie dans les bois", qui est devenu un classique de la littérature américaine.

Le frugalisme moderne a émergé dans les années 1990, en réaction à la consommation excessive et au gaspillage. Le mouvement a été popularisé par des auteurs comme Joe Dominguez et Vicki Robin, qui ont écrit un livre intitulé "Votre argent ou votre vie", qui a connu un grand succès.

Depuis lors, le frugalisme a connu une croissance constante, notamment en raison de la crise financière de 2008, qui a poussé de nombreuses personnes à réduire leurs dépenses et à adopter un mode de vie plus sobre. Le frugalisme est également devenu de plus en plus populaire en raison des préoccupations environnementales croissantes et de la prise de conscience des limites des ressources naturelles.

Aujourd'hui, le frugalisme est un mouvement mondial, qui rassemble des personnes de tous horizons et de toutes cultures, partageant un même idéal de vie simple, économe et respectueuse de l'environnement.

En conclusion, l'histoire du frugalisme est riche et complexe, influencée par des mouvements philosophiques, religieux et écologiques. Le frugalisme moderne est né dans les années 1990 et a connu une croissance constante depuis lors, en réponse aux défis économiques et environnementaux de notre époque.

Les avantages du frugalisme

Dans ce chapitre, nous allons explorer les nombreux avantages du frugalisme, en termes économiques, environnementaux, sociaux et personnels.

Le frugalisme permet de réaliser des économies importantes, en réduisant les dépenses superflues et en adoptant un mode de vie plus sobre. En limitant sa consommation et en faisant des choix éclairés, on peut économiser de l'argent sur le long terme, ce qui permet de se libérer de certaines contraintes financières et de mieux gérer son budget.

En outre, le frugalisme permet de réduire son empreinte écologique, en limitant sa consommation d'énergie, d'eau et de ressources naturelles. En optant pour des produits locaux, bio et de saison, on contribue à soutenir une agriculture plus respectueuse de l'environnement et à réduire les émissions de gaz à effet de serre.

Sur le plan social, le frugalisme permet de se libérer de la pression de la consommation et de la course à la possession. En adoptant un mode de vie plus simple et en valorisant les relations humaines, on peut renforcer les liens avec sa communauté et améliorer son bien-être personnel.

Enfin, le frugalisme permet de se concentrer sur l'essentiel, en valorisant les expériences et les moments de vie plutôt que les objets et les biens matériels. En optant pour une vie plus économe et plus sobre, on peut se concentrer sur les choses qui comptent vraiment, comme les relations, la créativité, l'apprentissage et la découverte.

En résumé, le frugalisme offre de nombreux avantages, en permettant de réaliser des économies, de réduire son empreinte écologique, de renforcer les liens sociaux et de se concentrer sur l'essentiel. En adoptant un mode de vie plus simple et plus économe, on peut trouver un équilibre plus satisfaisant entre nos besoins matériels et nos aspirations personnelles.

Les défis du frugalisme

Bien que le frugalisme puisse offrir de nombreux avantages, il n'en demeure pas moins un défi à relever au quotidien. Dans ce chapitre, nous allons explorer les principaux défis du frugalisme et les moyens de les surmonter.

Le premier défi du frugalisme est de changer ses habitudes de consommation. En effet, il peut être difficile de renoncer à certaines habitudes et de se priver de certaines commodités auxquelles on est habitué. Pour surmonter ce défi, il est important de prendre le temps de réfléchir à ses besoins réels et de se concentrer sur les choses qui comptent vraiment.

Le deuxième défi du frugalisme est de faire face à la pression sociale. Dans une société où la consommation est souvent considérée comme un signe de réussite, il peut être difficile de justifier un mode de vie plus sobre et plus économe. Pour surmonter ce défi, il est important de rester fidèle à ses convictions et de s'entourer de personnes partageant les mêmes valeurs.

Le troisième défi du frugalisme est de trouver un équilibre entre économie et qualité de vie. En effet, il est important de ne pas sacrifier sa qualité de vie pour économiser de l'argent. Pour surmonter ce défi, il est important de chercher des moyens créatifs de répondre à ses besoins et de trouver des sources de plaisir et de satisfaction qui ne coûtent pas cher.

Le quatrième défi du frugalisme est de maintenir sa motivation et sa persévérance sur le long terme. En effet, le frugalisme peut être un mode de vie exigeant qui demande une certaine discipline et une volonté de fer. Pour surmonter ce défi, il est important de se fixer des objectifs réalistes et de célébrer les petites victoires en chemin.

En somme, le frugalisme est un mode de vie qui comporte certains défis, mais qui peut offrir des avantages significatifs pour ceux qui choisissent de l'adopter. En surmontant les défis du frugalisme, on peut trouver un équilibre plus satisfaisant entre nos besoins matériels et nos aspirations personnelles, et contribuer à un monde plus durable et plus équitable.

Vivre avec moins de possessions matérielles

Dans une société où la possession de biens matériels est souvent considérée comme un signe de réussite et de statut social, il peut sembler difficile de se défaire de certaines de nos possessions. Cependant, vivre avec moins de possessions matérielles peut apporter de nombreux avantages sur le plan personnel et environnemental. Dans ce chapitre, nous allons explorer les raisons pour lesquelles vivre avec moins de possessions matérielles peut être bénéfique, ainsi que les moyens de réduire sa consommation.

Tout d'abord, vivre avec moins de possessions matérielles peut être bénéfique pour notre bien-être personnel. En effet, le fait de posséder trop de biens peut nous rendre anxieux, stressés et encombrés. En nous débarrassant de certains objets superflus, nous pouvons retrouver un sentiment de calme et de sérénité, et nous concentrer sur les choses qui comptent vraiment.

En outre, vivre avec moins de possessions matérielles peut contribuer à préserver l'environnement. En réduisant notre consommation, nous pouvons réduire notre empreinte écologique et contribuer à préserver les ressources naturelles de la planète. Nous pouvons également contribuer à réduire la production de déchets, qui est un problème croissant dans nos sociétés modernes.

Pour réduire sa consommation et vivre avec moins de possessions matérielles, il est important de commencer par trier ses affaires et de se débarrasser de ce qui est superflu.

Il est également important d'adopter des habitudes de consommation plus durables, en privilégiant les produits de qualité, durables et respectueux de l'environnement. Enfin, il est possible de chercher des alternatives à la possession de biens matériels, en partageant des objets avec des amis ou en louant des objets plutôt que de les acheter.

En conclusion, vivre avec moins de possessions matérielles peut apporter de nombreux avantages pour notre bien-être personnel et pour l'environnement. Bien que cela puisse sembler difficile au départ, en adoptant des habitudes de consommation plus durables et en se concentrant sur les choses qui comptent vraiment, nous pouvons trouver un équilibre plus satisfaisant dans nos vies et contribuer à un monde plus durable et plus équitable.

La consommation responsable

Dans notre société de consommation, il est important de se poser la question de notre façon de consommer et de l'impact que cela peut avoir sur notre environnement et sur les autres êtres humains. La consommation responsable consiste à adopter des habitudes de consommation qui prennent en compte l'impact social et environnemental de nos choix. Dans ce chapitre, nous allons explorer les raisons pour lesquelles la consommation responsable est importante, ainsi que les moyens de consommer de manière responsable.

Tout d'abord, la consommation responsable est importante pour préserver l'environnement. En effet, nos choix de consommation ont un impact sur les ressources naturelles de la planète, sur la pollution et sur le changement climatique. En choisissant des produits durables, respectueux de l'environnement et en limitant notre consommation, nous pouvons contribuer à préserver les ressources naturelles et réduire notre empreinte écologique.

En outre, la consommation responsable peut également avoir un impact social positif. En choisissant des produits éthiques, fabriqués dans des conditions de travail justes et respectueuses des droits humains, nous pouvons contribuer à améliorer les conditions de vie des travailleurs et des communautés locales.

Pour consommer de manière responsable, il est important de se poser les bonnes questions avant d'acheter un produit. Est-ce que j'ai vraiment besoin de ce produit ? Est-ce qu'il est durable et respectueux de l'environnement ? Est-ce qu'il est fabriqué dans des conditions éthiques ? En choisissant des produits durables, respectueux de l'environnement et fabriqués dans des conditions éthiques, nous pouvons contribuer à un monde plus juste et plus durable.

Il est également important de privilégier les produits locaux et de saison, qui ont un impact moindre sur l'environnement en limitant les émissions de gaz à effet de serre liées au transport. Enfin, il est possible de réduire sa consommation en optant pour des produits d'occasion, en partageant des objets avec des amis ou en louant des objets plutôt que de les acheter.

En conclusion, la consommation responsable est une démarche importante pour préserver l'environnement et améliorer les conditions sociales. En adoptant des habitudes de consommation responsables, nous pouvons contribuer à un monde plus juste, plus durable et plus respectueux de l'environnement. Il est important de se poser les bonnes questions avant d'acheter un produit et de privilégier des produits durables, éthiques, locaux et de saison.

Les avantages financiers du frugalisme

Le frugalisme est une démarche qui consiste à vivre avec moins, à dépenser moins et à économiser davantage. Cette approche peut sembler difficile à mettre en place, mais elle offre de nombreux avantages financiers. Dans ce chapitre, nous allons explorer les avantages financiers du frugalisme et les moyens de les mettre en pratique.

Tout d'abord, le frugalisme permet de réaliser des économies importantes sur les dépenses courantes. En adoptant des habitudes de consommation responsables et en limitant les achats inutiles, il est possible de réduire considérablement les dépenses mensuelles. Par exemple, en choisissant de faire ses courses en vrac plutôt qu'en supermarché, en cuisinant ses repas plutôt qu'en achetant des plats préparés ou en limitant l'usage de la voiture, on peut économiser plusieurs centaines d'euros par mois.

En outre, le frugalisme permet de réduire les dettes et de se constituer une épargne. En adoptant une approche frugale, il est possible de rembourser plus rapidement les dettes et de se constituer une épargne de précaution. En limitant les dépenses courantes et en adoptant des habitudes de consommation responsables, on peut mettre de côté une somme d'argent chaque mois, ce qui permet de faire face aux imprévus et de se constituer un capital pour réaliser des projets futurs.

Le frugalisme peut également permettre de se libérer des contraintes financières et de retrouver une liberté de choix. En dépensant moins et en consommant de manière responsable, on peut se libérer des contraintes financières liées aux dettes ou aux dépenses excessives. On peut alors retrouver une liberté de choix et s'offrir de nouvelles perspectives de vie.

Enfin, le frugalisme peut être un moyen de vivre plus simplement et plus heureux. En se libérant de la pression de la consommation et en se concentrant sur l'essentiel, on peut trouver un nouveau sens à sa vie. En adoptant une approche plus minimaliste et en se concentrant sur les expériences plutôt que sur les possessions matérielles, on peut retrouver un équilibre et une harmonie intérieure.

En conclusion, le frugalisme offre de nombreux avantages financiers. En adoptant des habitudes de consommation responsables et en limitant les dépenses inutiles, on peut réaliser des économies importantes, rembourser ses dettes, se constituer une épargne, retrouver une liberté de choix et vivre plus simplement et plus heureux. Il est important de se concentrer sur l'essentiel et de privilégier les expériences plutôt que les possessions matérielles.

La simplicité volontaire

La simplicité volontaire est une philosophie de vie qui repose sur le choix de vivre avec moins. Cette approche est intimement liée au frugalisme, mais elle va au-delà de la simple gestion de l'argent. Dans ce chapitre, nous allons explorer la simplicité volontaire et les avantages qu'elle peut offrir.

La simplicité volontaire est avant tout un choix de vie. C'est une décision de vivre avec moins de possessions matérielles, de réduire ses besoins et ses désirs et de se concentrer sur l'essentiel. Elle repose sur l'idée que la possession de biens matériels n'est pas la clé du bonheur et que la satisfaction personnelle peut être atteinte en vivant avec moins.

La simplicité volontaire peut offrir de nombreux avantages. Elle permet tout d'abord de réduire les coûts de la vie quotidienne. En choisissant de vivre avec moins, on peut réduire les dépenses liées aux biens matériels et aux services superflus. Cette approche peut également aider à se libérer de la pression de la société de consommation et à retrouver un sens à sa vie.

La simplicité volontaire peut également aider à réduire son empreinte écologique. En limitant sa consommation et en choisissant des biens de qualité plutôt que de la quantité, on peut réduire les déchets et l'utilisation des ressources naturelles. Cette approche permet également de se concentrer sur les modes de vie durables et de réduire l'impact environnemental de ses choix.

En outre, la simplicité volontaire peut aider à retrouver un équilibre entre la vie personnelle et professionnelle. En vivant avec moins et en réduisant les coûts de la vie quotidienne, il est possible de travailler moins et de se concentrer sur les choses qui comptent vraiment. Cette approche permet également de passer plus de temps avec sa famille et ses amis et de se consacrer à ses passions.

La simplicité volontaire peut également aider à réduire le stress et à améliorer la santé mentale. En se concentrant sur l'essentiel et en réduisant la pression de la société de consommation, on peut retrouver un équilibre émotionnel et une harmonie intérieure. Cette approche peut également aider à réduire le stress lié aux problèmes financiers et aux pressions professionnelles.

En conclusion, la simplicité volontaire est une philosophie de vie qui peut offrir de nombreux avantages. Elle permet de réduire les coûts de la vie quotidienne, de réduire l'empreinte écologique, de retrouver un équilibre entre la vie personnelle et professionnelle, de réduire le stress et d'améliorer la santé mentale. Il est important de se concentrer sur l'essentiel et de vivre avec moins de possessions matérielles pour retrouver un équilibre et une harmonie intérieure.

Les habitudes de consommation à éviter

Dans notre société de consommation, nous sommes constamment incités à acheter de nouveaux produits, à suivre les tendances et à nous conformer aux normes sociales. Cependant, certaines habitudes de consommation peuvent avoir des effets négatifs sur notre santé, notre portefeuille et l'environnement. Dans ce chapitre, nous allons explorer les habitudes de consommation à éviter pour adopter un mode de vie plus frugal et responsable.

La première habitude de consommation à éviter est l'achat compulsif. Lorsque nous achetons des produits sans réfléchir à leur utilité réelle, nous gaspillons de l'argent et nous accumulons des biens inutiles qui encombrent nos maisons. Il est important de réfléchir à l'utilité et à la qualité des produits avant de les acheter, et de s'interroger sur les raisons pour lesquelles nous voulons les acquérir.

La deuxième habitude de consommation à éviter est l'utilisation excessive de produits jetables. Les produits jetables, tels que les bouteilles en plastique, les sacs en plastique ou les lingettes jetables, sont souvent pratiques, mais ils ont un impact environnemental important. Il est préférable d'opter pour des produits durables, tels que des bouteilles en verre, des sacs en tissu ou des lingettes lavables, qui peuvent être réutilisés plusieurs fois.

La troisième habitude de consommation à éviter est l'achat de produits de mauvaise qualité. Les produits de mauvaise qualité peuvent sembler moins chers à l'achat, mais ils ont souvent une durée de vie plus courte et doivent être remplacés plus souvent. Il est préférable d'investir dans des produits de qualité qui durent plus longtemps et qui peuvent être réparés.

La quatrième habitude de consommation à éviter est l'achat de produits inutilement coûteux. Les marques de luxe ou les produits de marque peuvent sembler plus prestigieux, mais ils sont souvent plus coûteux sans être nécessairement de meilleure qualité. Il est important de comparer les produits et de choisir des produits de qualité à un prix raisonnable.

La cinquième habitude de consommation à éviter est l'achat de produits sur-emballés. Les produits sur-emballés génèrent une quantité importante de déchets, ce qui a un impact négatif sur l'environnement. Il est préférable de choisir des produits avec un emballage minimal, ou d'acheter en vrac lorsque cela est possible.

En conclusion, pour adopter un mode de vie plus frugal et responsable, il est important d'éviter certaines habitudes de consommation. Il est préférable de réfléchir à l'utilité et à la qualité des produits avant de les acheter, d'opter pour des produits durables et de qualité, de comparer les prix, de privilégier les produits avec un emballage minimal et d'éviter les achats compulsifs. En adoptant ces habitudes de consommation responsables, nous pouvons contribuer à un mode de vie plus respectueux de l'environnement, économiser de l'argent et vivre de manière plus équilibrée.

Comment réduire les dépenses alimentaires

L'un des principaux avantages du frugalisme est la possibilité de réduire considérablement vos dépenses. La nourriture étant l'un des principaux postes de dépenses, il est logique de se concentrer sur cet aspect pour économiser de l'argent. Dans ce chapitre, nous allons vous donner des conseils pratiques pour réduire vos dépenses alimentaires sans sacrifier la qualité de votre alimentation.

1. Planifiez vos repas à l'avance La planification des repas est l'une des meilleures façons de réduire vos dépenses alimentaires. En planifiant vos repas à l'avance, vous pouvez acheter uniquement ce dont vous avez besoin et éviter les achats impulsifs. En outre, cela vous permet de prévoir les restes et de les réutiliser dans d'autres repas.

2. Cuisinez à la maison Cuisiner à la maison est non seulement plus sain, mais cela peut également vous faire économiser beaucoup d'argent. En cuisinant à la maison, vous pouvez acheter les ingrédients en vrac et les préparer selon vos préférences. Vous évitez également les frais de service et les pourboires qui accompagnent les repas au restaurant.

3. Achetez des aliments en vrac Acheter des aliments en vrac est une excellente façon de réduire les dépenses alimentaires. En achetant des aliments tels que les pâtes, le riz, les céréales et les légumineuses en vrac, vous pouvez économiser jusqu'à 50% par rapport à l'achat de petites quantités emballées.

4. Utilisez des coupons et des offres spéciales De nombreuses chaînes de supermarchés offrent des coupons et des offres spéciales sur les produits alimentaires. Utilisez ces offres pour acheter des articles que vous utilisez régulièrement et économiser de l'argent.

5. Achetez des marques moins chères De nombreuses marques moins chères offrent des produits alimentaires de qualité égale ou supérieure à celles des marques plus chères. Comparez les prix et les ingrédients pour trouver des alternatives moins chères.

6. Évitez les aliments transformés et les plats préparés Les aliments transformés et les plats préparés peuvent sembler pratiques, mais ils sont généralement plus chers que les aliments non transformés. En outre, ces aliments sont souvent riches en gras, en sucre et en sel, ce qui peut nuire à votre santé.

7. Évitez les gaspillages alimentaires Le gaspillage alimentaire est un véritable fléau pour votre portefeuille et pour l'environnement. Pour éviter le gaspillage alimentaire, planifiez les quantités dont vous avez besoin, utilisez les restes et conservez les aliments correctement pour qu'ils durent plus longtemps.

En suivant ces conseils pratiques, vous pouvez réduire considérablement vos dépenses alimentaires et économiser de l'argent tout en mangeant sainement.

Comment économiser sur les factures d'énergie

La réduction des dépenses d'énergie est l'un des principaux moyens de réduire les coûts de votre foyer. La consommation d'énergie a un impact sur notre environnement, mais aussi sur notre portefeuille. Dans ce chapitre, nous examinerons quelques astuces pour économiser de l'argent sur les factures d'énergie.

1. Utilisez des ampoules LED - Les ampoules LED sont beaucoup plus économes en énergie que les ampoules traditionnelles. En effet, elles utilisent environ 75 % moins d'énergie.
2. Éteignez les lumières - En éteignant les lumières lorsque vous quittez une pièce, vous pouvez économiser une quantité considérable d'énergie.
3. Éteignez les appareils électroniques - Les appareils électroniques en veille continuent de consommer de l'énergie. Éteignez-les lorsque vous ne les utilisez pas.
4. Utilisez des rideaux et des stores - Les rideaux et les stores peuvent aider à maintenir la chaleur à l'intérieur de votre maison pendant l'hiver et à la garder fraîche pendant l'été.
5. Installez un thermostat programmable - Un thermostat programmable peut vous aider à économiser de l'argent en ajustant automatiquement la température de votre maison lorsque vous êtes absent ou lorsque vous dormez.
6. Faites l'entretien de votre climatiseur et de votre chauffage - Un entretien régulier de votre climatiseur et de votre chauffage peut les aider à

fonctionner de manière plus efficace, ce qui peut vous faire économiser de l'argent sur les factures d'énergie.

7. Économisez de l'eau chaude - L'eau chaude est l'un des plus gros consommateurs d'énergie dans la maison. Prenez des douches plus courtes et utilisez un chauffe-eau économe en énergie pour économiser de l'argent.

8. Utilisez des appareils économes en énergie - Les appareils économes en énergie peuvent vous aider à économiser de l'argent sur les factures d'énergie. Recherchez des appareils avec une cote d'efficacité énergétique élevée.

9. Utilisez des panneaux solaires - L'installation de panneaux solaires sur votre toit peut vous aider à économiser de l'argent sur les factures d'énergie à long terme.

En mettant en place ces conseils, vous pouvez économiser de l'argent sur vos factures d'énergie tout en réduisant votre empreinte écologique.

Voyager de manière économique

Les voyages sont une source inépuisable de découvertes, d'apprentissage et de plaisir. Cependant, ils peuvent aussi être une activité coûteuse. Le frugalisme est une approche qui encourage à trouver des moyens de voyager sans dépenser trop d'argent. Dans ce chapitre, nous allons examiner comment voyager de manière économique, sans pour autant sacrifier le confort et le plaisir.

Choisir la bonne période pour voyager peut faire une grande différence sur le coût de votre voyage. Les saisons touristiques peuvent être les plus chères. Évitez les périodes de pointe et envisagez de voyager en basse saison. Les vols, les hébergements et les activités peuvent coûter jusqu'à 50% moins cher en basse saison.

Une autre façon d'économiser de l'argent est de chercher des offres spéciales et des promotions. Les compagnies aériennes et les hôtels proposent souvent des offres spéciales pour les voyageurs qui réservent tôt ou qui sont flexibles dans leurs dates de voyage. Il peut être intéressant de s'inscrire aux newsletters des compagnies aériennes et des agences de voyage pour être informé des promotions en cours.

L'hébergement est souvent l'un des postes de dépenses les plus élevés lors d'un voyage. Pour économiser de l'argent, vous pouvez choisir des options d'hébergement moins chères, telles que les auberges de jeunesse, les chambres d'hôtes, les locations de vacances ou les campings. Ces options peuvent être beaucoup plus abordables que les hôtels traditionnels. Il est également possible d'économiser de l'argent en partageant une chambre d'hôtel ou une location de vacances avec d'autres voyageurs.

Manger au restaurant à chaque repas peut rapidement faire grimper le coût de votre voyage. Pour économiser de l'argent, vous pouvez cuisiner vous-même, surtout si vous séjournez dans une location de vacances qui dispose d'une cuisine. Vous pouvez également manger dans des stands de nourriture de rue ou dans des restaurants moins touristiques, qui sont souvent moins chers.

Les transports en commun sont souvent beaucoup moins chers que les taxis ou les voitures de location. Les bus et les trains peuvent être un excellent moyen de se déplacer dans une ville ou un pays. Il peut également être intéressant de marcher ou de louer un vélo pour explorer la ville à votre propre rythme.

Enfin, planifiez votre voyage à l'avance pour éviter les frais imprévus. Si vous avez besoin d'un visa ou d'autres documents de voyage, assurez-vous de les obtenir à l'avance pour éviter les frais d'urgence. De même, si vous avez besoin d'une assurance voyage, assurez-vous de souscrire à une police avant de partir.

Voyager de manière économique peut sembler difficile, mais en planifiant à l'avance, en cherchant des offres spéciales et en choisissant des options d'hébergement et de restauration moins chères, il est possible de réduire considérablement les coûts de voyage. Tout en appréciant la beauté et la richesse culturelle de votre destination.

Économiser sur les transports

Les transports représentent souvent une grande part de nos dépenses, que ce soit pour aller travailler, faire des courses ou voyager. C'est pourquoi trouver des moyens de réduire ces coûts peut avoir un impact significatif sur notre budget. Dans ce chapitre, nous allons explorer différentes façons d'économiser sur les transports.

1. Utiliser les transports en commun

Les transports en commun sont souvent moins chers que la voiture, surtout si l'on vit en ville où il y a un réseau de bus ou de métro bien développé. Les abonnements mensuels ou annuels peuvent être particulièrement avantageux si vous utilisez régulièrement les transports en commun. En outre, l'utilisation des transports en commun peut être bénéfique pour l'environnement en réduisant les émissions de gaz à effet de serre.

2. Marcher ou faire du vélo

La marche et le vélo sont des moyens gratuits et sains de se déplacer. En plus d'être économiques, ces modes de transport sont également écologiques et bons pour la santé. Si vous habitez près de votre travail ou de vos commerces préférés, envisagez de marcher ou de faire du vélo pour économiser de l'argent et améliorer votre santé.

3. Partager les trajets

Le covoiturage est une autre option pour économiser sur les transports. Si vous travaillez avec des collègues qui habitent près de chez vous, vous pouvez envisager de partager les trajets en voiture. Cela réduira les coûts de carburant et d'entretien de la voiture, tout en offrant une alternative économique à la conduite en solo.

4. Éviter les heures de pointe

Si possible, évitez les heures de pointe sur la route ou dans les transports en commun. Les billets peuvent être moins chers en dehors des heures de pointe et vous pourrez peut-être également éviter les embouteillages.

5. Choisir une voiture économique

Si vous devez avoir une voiture, choisissez-en une qui soit économique en termes de consommation de carburant. Les voitures hybrides ou électriques peuvent être plus chères à l'achat, mais elles peuvent offrir des économies à long terme sur les coûts de carburant.

6. Entretenir sa voiture

En prenant soin de votre voiture, vous pouvez prolonger sa durée de vie et éviter des coûts d'entretien élevés à long terme. Suivez les recommandations du fabricant en matière d'entretien et effectuez régulièrement les vidanges d'huile, les contrôles de pression des pneus et les réparations nécessaires.

En fin de compte, il existe de nombreuses façons d'économiser sur les transports, qu'il s'agisse de prendre les transports en commun, de marcher ou de faire du vélo, de partager les trajets ou de choisir une voiture économique. En faisant des choix intelligents, vous pouvez économiser de l'argent tout en contribuant à la protection de l'environnement.

Comment économiser sur les vêtements

Nous avons tous besoin de vêtements pour nous habiller, mais les achats de vêtements peuvent rapidement devenir une source de dépenses considérable. C'est pourquoi il est important de trouver des moyens de dépenser moins d'argent tout en obtenant les vêtements dont nous avons besoin. Dans ce chapitre, nous allons discuter de quelques astuces simples qui vous permettront d'économiser de l'argent sur vos achats de vêtements.

Tout d'abord, il est important de savoir que la qualité des vêtements est primordiale. Lorsque vous achetez des vêtements de qualité supérieure, vous pouvez être sûr qu'ils dureront plus longtemps et qu'ils résisteront mieux à l'usure quotidienne. Cela signifie que vous n'aurez pas besoin de remplacer vos vêtements aussi souvent, ce qui vous permettra d'économiser de l'argent à long terme. En outre, les vêtements de qualité supérieure ont souvent une meilleure coupe et un meilleur style, ce qui signifie que vous aurez l'air et vous sentirez mieux dans vos vêtements.

Une autre astuce pour économiser de l'argent sur les vêtements est d'acheter d'occasion. Les magasins d'occasion sont un excellent endroit pour trouver des vêtements à bas prix, et de nombreux vêtements vendus dans ces magasins sont encore en excellent état. De plus, acheter d'occasion est un moyen de réduire votre empreinte carbone, car vous donnez une seconde vie à des vêtements qui auraient sinon été jetés.

Si vous préférez acheter des vêtements neufs, il y a encore des moyens de réduire les coûts. Tout d'abord, cherchez des ventes ou des promotions. Les magasins de vêtements ont souvent des promotions pour attirer les clients, alors assurez-vous de surveiller les promotions et les soldes. Vous pouvez également chercher des codes de réduction en ligne ou des coupons de réduction pour des magasins spécifiques.

Enfin, une astuce simple mais efficace pour économiser de l'argent sur les vêtements est de faire preuve de créativité avec votre garde-robe actuelle. Essayez de mixer et d'assortir les vêtements que vous avez déjà pour créer de nouveaux looks, ou ajoutez des accessoires pour rafraîchir un ancien look. En utilisant votre garde-robe actuelle de manière créative, vous pouvez éviter d'acheter de nouveaux vêtements et économiser de l'argent.

En conclusion, il existe de nombreuses façons d'économiser de l'argent sur les vêtements. Que vous achetiez des vêtements neufs ou d'occasion, assurez-vous de privilégier la qualité et de rechercher des promotions. Et n'oubliez pas que vous pouvez également économiser de l'argent en utilisant votre garde-robe actuelle de manière créative. En suivant ces astuces simples, vous pouvez économiser de l'argent sur les vêtements tout en ayant toujours l'air et vous sentant bien dans vos vêtements.

Comment économiser sur les cadeaux

Les cadeaux sont une partie importante de la vie sociale et culturelle de nombreux pays. Ils sont utilisés pour exprimer de l'amour, de l'affection, de l'appréciation et de la gratitude envers les amis, la famille et les collègues. Cependant, les cadeaux peuvent être coûteux, surtout si vous devez en offrir plusieurs tout au long de l'année. Dans ce chapitre, nous allons vous donner des astuces pour économiser sur les cadeaux tout en exprimant vos sentiments.

1. Planifiez à l'avance : Si vous savez que vous allez devoir offrir des cadeaux pour des occasions spéciales comme les anniversaires, Noël ou les mariages, planifiez à l'avance. Cela vous donnera suffisamment de temps pour chercher des offres intéressantes et des idées de cadeaux abordables.

2. Faites preuve de créativité : Si vous voulez offrir quelque chose de spécial, faites preuve de créativité. Vous pouvez par exemple offrir des cadeaux faits maison comme des confitures, des biscuits ou des savons. Les cadeaux faits maison sont souvent moins chers et plus personnels que les cadeaux achetés.

3. Achetez en gros : Si vous devez offrir plusieurs cadeaux pour une même occasion, achetez-les en gros. Les magasins en ligne et les grossistes proposent souvent des tarifs intéressants pour les achats en gros. Vous pouvez ainsi économiser de l'argent tout en offrant des cadeaux similaires à tous.

4. Utilisez des coupons de réduction : Les coupons de réduction peuvent vous aider à économiser de l'argent sur vos achats de cadeaux. Recherchez des offres en ligne ou dans les publicités locales pour trouver des coupons intéressants. Vous pouvez également vous inscrire à des programmes de fidélité pour obtenir des coupons exclusifs et des offres spéciales.

5. Offrez des expériences : Les expériences comme les billets de cinéma, les cartes-cadeaux pour des restaurants ou des spas, ou même une journée passée à faire du tourisme peuvent être des cadeaux mémorables et peu coûteux. Vous pouvez ainsi offrir des moments de détente et de plaisir plutôt que des objets coûteux.

En suivant ces astuces simples, vous pouvez économiser de l'argent tout en offrant des cadeaux significatifs à vos proches. N'oubliez pas que l'objectif est d'exprimer vos sentiments et votre appréciation, pas de dépenser une fortune.

Les bénéfices environnementaux du frugalisme

Le frugalisme n'est pas seulement une façon de réduire ses dépenses et de vivre une vie simple et minimaliste, c'est aussi un mode de vie qui est bénéfique pour l'environnement. Dans ce chapitre, nous allons explorer les avantages environnementaux du frugalisme et comment cette pratique peut aider à réduire notre impact sur la planète.

Tout d'abord, le frugalisme encourage une consommation responsable et consciente. En évitant les achats impulsifs et en réduisant notre consommation, nous pouvons réduire notre empreinte carbone. L'achat de produits d'occasion, de seconde main ou même la réparation de nos objets peuvent également contribuer à réduire les déchets et les émissions de gaz à effet de serre.

Ensuite, en adoptant une approche frugale, nous pouvons réduire notre consommation d'énergie et d'eau. En choisissant des appareils électroménagers économes en énergie et en utilisant des systèmes de chauffage et de climatisation efficaces, nous pouvons réduire notre consommation d'énergie. De même, en étant conscient de notre consommation d'eau, nous pouvons réduire notre utilisation et ainsi contribuer à préserver cette ressource précieuse.

Le frugalisme peut également nous aider à réduire notre consommation de viande et de produits animaux, ce qui est bénéfique pour l'environnement. En effet, l'industrie de l'élevage est l'une des plus grandes sources d'émissions de gaz à effet de serre dans le monde. En réduisant notre consommation de viande, nous pouvons aider à réduire notre impact sur l'environnement.

Enfin, le frugalisme encourage également des pratiques durables telles que le recyclage, le compostage et l'utilisation de modes de transport durables tels que la marche, le vélo ou les transports en commun. Ces pratiques peuvent aider à réduire les déchets, à préserver les ressources naturelles et à réduire notre empreinte carbone.

En adoptant un mode de vie frugal, nous pouvons donc non seulement réduire nos dépenses et améliorer notre qualité de vie, mais également contribuer à préserver l'environnement pour les générations futures. Le frugalisme est une pratique durable qui peut nous aider à vivre en harmonie avec la nature et à protéger la planète.

Comment réduire les déchets

Le frugalisme n'est pas seulement un moyen de réduire les dépenses, mais également de minimiser notre impact sur l'environnement. En effet, notre surconsommation entraîne une production de déchets inutile, qui pollue notre planète. Dans ce chapitre, nous allons découvrir comment réduire efficacement nos déchets en adoptant des habitudes plus écologiques.

1. Comprendre la hiérarchie des déchets

La première étape pour réduire nos déchets est de comprendre la hiérarchie des déchets. Cela signifie que nous devons essayer de réduire notre production de déchets à la source, avant de penser à les recycler ou à les éliminer. Pour cela, nous pouvons adopter des pratiques telles que l'achat en vrac, la réutilisation et la réparation d'objets au lieu de les jeter.

2. Réduire le gaspillage alimentaire

Le gaspillage alimentaire est l'une des principales causes de déchets dans notre société. Pour réduire ce gaspillage, nous pouvons commencer par planifier nos repas à l'avance et acheter seulement ce dont nous avons besoin. Nous pouvons également utiliser les restes de nourriture pour préparer de nouveaux plats, et composter les déchets alimentaires.

3.   Réduire les emballages

Les emballages constituent une grande partie de nos déchets. Pour les réduire, nous pouvons choisir des produits avec des emballages minimal ou sans emballage du tout, acheter en vrac ou encore utiliser des sacs réutilisables pour faire nos courses. Nous pouvons également éviter les articles jetables, tels que les couverts en plastique, les assiettes et les gobelets.

4.   Donner une seconde vie aux objets

Au lieu de jeter des objets, nous pouvons leur donner une seconde vie en les vendant ou en les donnant à des associations. Nous pouvons également réparer les objets cassés plutôt que de les remplacer, ou les transformer en quelque chose de nouveau.

5.   Recycler correctement

Lorsque nous ne pouvons pas éviter la production de déchets, le recyclage est une bonne solution. Cependant, il est important de le faire correctement en triant les déchets et en les mettant dans les bons conteneurs de recyclage.

En résumé, réduire nos déchets est une étape essentielle pour adopter un mode de vie plus frugal et écologique. En appliquant ces astuces simples au quotidien, nous pouvons contribuer à la préservation de notre planète et à un avenir plus durable.

Les économies d'eau

L'eau est une ressource essentielle et précieuse pour notre planète. Malheureusement, elle devient de plus en plus rare et sa gestion responsable est plus importante que jamais. Dans ce chapitre, nous allons nous concentrer sur les différentes façons dont nous pouvons économiser l'eau dans notre vie quotidienne.

La première étape pour économiser de l'eau est de comprendre combien nous en utilisons réellement. Saviez-vous que la plupart des gens utilisent plus de 100 litres d'eau par jour ? Cela comprend l'eau que nous utilisons pour nous laver, pour tirer la chasse d'eau, pour laver nos vêtements et notre vaisselle, et pour arroser nos plantes. En réduisant notre consommation d'eau, nous pouvons non seulement économiser de l'argent, mais aussi préserver cette ressource précieuse.

Voici quelques astuces pour économiser de l'eau dans votre vie quotidienne :

1. Réparer les fuites : Les fuites d'eau peuvent gaspiller de grandes quantités d'eau chaque jour. Vérifiez régulièrement vos tuyaux et robinets pour vous assurer qu'ils ne fuient pas et réparez-les rapidement s'ils le font.
2. Prendre des douches plus courtes : Prendre des douches plus courtes peut vous aider à économiser de l'eau. Essayez de limiter vos douches à 5 minutes ou moins.
3. Installer des toilettes à faible débit : Les toilettes à faible débit utilisent beaucoup moins d'eau que les toilettes traditionnelles. Si vous envisagez de

remplacer votre toilette, choisissez-en une à faible débit.

4. Utiliser un lave-vaisselle et un lave-linge efficaces : Les lave-vaisselle et les lave-linge efficaces utilisent moins d'eau que les modèles plus anciens. Si vous devez remplacer vos appareils, optez pour des modèles efficaces.

5. Éviter de laisser couler l'eau : Évitez de laisser couler l'eau pendant que vous vous brossez les dents ou que vous vous rasez. Cela peut gaspiller une quantité importante d'eau.

6. Recycler l'eau : Recycler l'eau est une excellente façon d'économiser de l'eau. Vous pouvez recycler l'eau de votre douche pour arroser vos plantes ou pour nettoyer votre maison.

7. Arroser les plantes tôt le matin ou tard le soir : Si vous devez arroser vos plantes, faites-le tôt le matin ou tard le soir. Cela évitera l'évaporation de l'eau due à la chaleur du soleil.

En suivant ces astuces simples, vous pouvez économiser de l'eau et contribuer à préserver cette ressource vitale pour les générations futures.

Les économies d'électricité

Les économies d'électricité sont un élément clé du frugalisme. La consommation d'énergie est l'un des plus grands postes de dépenses de notre vie quotidienne, et en réduisant notre consommation d'électricité, nous pouvons économiser de l'argent tout en réduisant notre empreinte écologique.

Il existe de nombreuses façons de réduire votre consommation d'électricité, et certaines d'entre elles sont très simples. Par exemple, éteindre les lumières lorsqu'elles ne sont pas utilisées, débrancher les appareils électroniques lorsqu'ils ne sont pas utilisés et utiliser des ampoules LED économes en énergie.

D'autres mesures peuvent sembler plus compliquées, mais elles peuvent faire une grande différence. Par exemple, installer des panneaux solaires sur votre maison peut réduire considérablement votre facture d'électricité et même vous permettre de vendre de l'électricité excédentaire à votre compagnie d'électricité locale.

Il existe également des appareils économes en énergie, tels que des thermostats intelligents qui peuvent réguler la température de votre maison pour économiser de l'énergie. Les appareils électroniques, tels que les ordinateurs et les téléviseurs, peuvent également être configurés pour économiser de l'énergie lorsqu'ils ne sont pas utilisés.

Enfin, il est important de noter que la réduction de la consommation d'électricité ne signifie pas nécessairement vivre dans l'obscurité. Il est tout à fait possible de vivre confortablement tout en réduisant sa consommation d'électricité. En fait, certaines mesures, comme l'utilisation de fenêtres bien isolées et de ventilateurs de plafond, peuvent rendre votre maison plus confortable tout en réduisant votre consommation d'électricité.

En conclusion, réduire votre consommation d'électricité est une étape importante pour vivre de manière frugale et réduire votre empreinte écologique. Il existe de nombreuses mesures simples que vous pouvez prendre pour économiser de l'électricité, et en les combinant avec des mesures plus importantes comme l'installation de panneaux solaires, vous pouvez réduire considérablement votre facture d'électricité tout en aidant l'environnement.

La cuisine frugale

La cuisine frugale est un élément clé du mode de vie frugal.
En effet, une alimentation saine et équilibrée est essentielle
pour vivre en bonne santé, mais cela ne doit pas
nécessairement être coûteux. Dans ce chapitre, nous allons
donc vous donner des astuces pour cuisiner de manière
économique et responsable, sans pour autant sacrifier le
goût ou la qualité de vos repas.

Tout d'abord, il est important de planifier vos repas à
l'avance. Cela vous permettra d'acheter uniquement les
aliments dont vous avez besoin et d'éviter le gaspillage
alimentaire. Ensuite, il est recommandé de privilégier les
aliments de saison et les produits locaux. Non seulement
cela vous permettra de réduire votre empreinte carbone,
mais en plus, les produits locaux sont souvent moins chers
que les produits importés.

Ensuite, il est possible de réaliser des économies sur les
protéines en optant pour des sources végétales telles que les
légumineuses, les noix et les graines. Ces aliments sont non
seulement abordables, mais ils sont également riches en
nutriments et en fibres. De plus, ils peuvent être cuisinés de
multiples façons et s'adaptent à de nombreuses recettes.

En ce qui concerne les légumes, il est possible de les
acheter en vrac ou de les cultiver soi-même si vous avez un
jardin ou un balcon. Vous pouvez également les acheter
surgelés, qui sont souvent moins chers que les légumes
frais et ont l'avantage d'avoir une durée de conservation
plus longue.

Enfin, évitez les plats préparés et les aliments transformés qui sont souvent plus chers et moins sains que les aliments frais. En cuisinant vous-même, vous pouvez contrôler les ingrédients et les portions, ce qui vous permettra également de réduire votre consommation de sel, de sucre et de gras.

En somme, la cuisine frugale est une excellente façon de manger sainement tout en économisant de l'argent. En planifiant vos repas à l'avance, en choisissant des aliments locaux et de saison, et en privilégiant les aliments non transformés, vous pourrez vous régaler sans sacrifier votre budget.

Le jardinage frugal

Dans un monde où les ressources naturelles s'épuisent rapidement et où les modes de consommation ont un impact négatif sur l'environnement, le jardinage frugal est une pratique qui peut nous aider à vivre de manière plus durable. Cette pratique consiste à cultiver nos propres aliments de manière responsable et économique, en utilisant des méthodes simples et peu coûteuses. Dans ce chapitre, nous allons explorer les différentes manières de pratiquer le jardinage frugal et de tirer le meilleur parti de notre petit espace vert.

Le choix des plantes : Le choix des plantes est un aspect important du jardinage frugal. Il est essentiel de choisir des plantes qui correspondent à notre climat et qui ont des besoins en eau faibles, car cela permettra de réduire la consommation d'eau et d'énergie. De plus, il est important de choisir des plantes qui sont adaptées à notre sol et qui ne nécessitent pas de fertilisants coûteux.

La conservation de l'eau : La conservation de l'eau est un autre aspect important du jardinage frugal. Nous pouvons économiser de l'eau en installant des systèmes d'irrigation qui sont efficaces et peu coûteux, comme l'irrigation par goutte-à-goutte. Nous pouvons également collecter l'eau de pluie pour arroser nos plantes, ce qui réduit notre consommation d'eau du robinet.

La récupération de matériaux : La récupération de matériaux est une autre pratique importante du jardinage frugal. Nous pouvons réutiliser des objets pour créer des pots de fleurs, des treillis et d'autres accessoires de jardinage. Nous pouvons également utiliser des matériaux locaux et gratuits, comme des branches d'arbres, pour créer des structures de soutien pour les plantes.

Le compostage : Le compostage est une pratique clé du jardinage frugal. Nous pouvons créer notre propre compost à partir des déchets de jardin et de cuisine, comme les feuilles, les brindilles, les pelures de fruits et les restes de nourriture. Le compostage permet de réduire les déchets, de fournir des nutriments à nos plantes et de réduire notre consommation de fertilisants coûteux.

La gestion des parasites : La gestion des parasites est une autre pratique importante du jardinage frugal. Nous pouvons utiliser des méthodes naturelles pour lutter contre les parasites, comme la rotation des cultures, la plantation de plantes répulsives et l'utilisation d'insecticides naturels, comme l'huile de neem. Ces méthodes permettent de réduire la quantité de pesticides nocifs dans notre environnement.

Conclusion : Le jardinage frugal est une pratique qui peut nous aider à vivre de manière plus durable en cultivant notre propre nourriture de manière responsable et économique. En utilisant des plantes adaptées à notre climat, en conservant l'eau, en récupérant des matériaux, en compostant et en utilisant des méthodes naturelles pour lutter contre les parasites, nous pouvons réduire notre empreinte écologique et économiser de l'argent en même temps.

Conclusion

Nous voici arrivés à la fin de ce guide sur le frugalisme. Nous espérons que les différentes sections que nous avons abordées vous ont permis de comprendre les principes fondamentaux de cette pratique et les avantages qu'elle peut apporter à votre vie. En effet, adopter un mode de vie frugal peut non seulement améliorer votre situation financière, mais également votre bien-être et votre impact sur l'environnement.

Toutefois, nous sommes conscients que le frugalisme peut paraître intimidant ou même effrayant pour certains d'entre vous. Peut-être avez-vous l'impression que cela signifie vivre dans la privation ou le manque. Nous tenons à vous rassurer en vous disant que ce n'est pas le cas.

Le frugalisme consiste à apprendre à vivre avec moins, mais pas nécessairement à vivre avec rien. Cela signifie simplement reconsidérer notre rapport à la consommation et apprendre à apprécier les choses simples de la vie. Il s'agit de vivre avec intention et de dépenser notre temps et notre argent de manière consciente.

En réduisant notre consommation et en adoptant des pratiques plus durables, nous pouvons contribuer à protéger notre planète et à préserver ses ressources pour les générations futures. De plus, en évitant les dépenses inutiles, nous pouvons épargner de l'argent et investir dans ce qui compte vraiment pour nous, comme des expériences, des projets ou notre sécurité financière.

Nous vous encourageons donc à explorer les différentes pratiques du frugalisme que nous avons abordées dans ce guide et à les adapter à votre vie et à vos objectifs. Il n'y a pas de formule magique ou de solution universelle, mais plutôt une approche personnelle et réfléchie à la gestion de nos ressources.

Nous espérons que ce guide vous aura aidé à découvrir les avantages du frugalisme et à prendre conscience de l'impact de nos choix de consommation. Nous vous remercions de votre lecture et vous souhaitons une vie frugale, heureuse et épanouissante.

Cher(e) lecteur/lectrice,

Je vous remercie d'avoir pris le temps de lire ce livre et j'espère sincèrement qu'il vous a été utile dans votre quête d'un mode de vie plus frugal et responsable.

Si vous avez aimé ce livre et trouvé son contenu informatif et intéressant, je vous serais reconnaissant(e) si vous pouviez laisser une évaluation positive sur la plateforme où vous l'avez acheté. Cela aiderait d'autres lecteurs à découvrir ce livre et à en bénéficier également.

Encore une fois, je vous remercie de votre lecture et j'espère que ce livre vous aidera à mener une vie plus simple et épanouissante.

Bien cordialement,

Amélie Desmarais